LA FEMME MAGNANIME, OU LE SIÉGE DE LA ROCHELLE,

Pantomime en trois Actes, à grand Spectacle,

Par J. G. A. CUVELIER;

Musique par M. ALEXANDRE; Divertissemens de M. MORAND;

Costumes et Décors de M. ISIDORE;

Représenté, pour la premiere fois, à Paris, au Cirque Olympique, le 2 Mai 1812.

Rarò antecedentem scelestum
Deseruit pede pœna claudo.
HORACE, Ode 2, livre 3.

PARIS,
BARBA, Libraire, Palais-Royal, derriere le Théâtre Français, n°. 51.

1812.

PERSONNAGES.	ACTEURS.
CLARA.	Mad. *Franconi* jeune.
VALMORE, Colonel de Cavalérie.	M. *Bunel.*
MONTALBAN.	M. *Franconi* l'aîné.
ARSENE, Missionnaire.	M. *Bassin.*
FRANK, { Scélérats vendus à Montalban. }	M. *Baudot.*
CESAIRE, { Scélérats vendus à Montalban. }	M. *Hache* père.
JULES, fils de Valmore.	M. *Blin.*
Un Juge.	M. *De la Haye.*
Quatre Assesseurs.	
Un Geolier.	M. *Leger.*
La Maîtresse de la maison de Réclusion.	Mlle. *Letellier.*
Plusieurs Récluses.	
Deux Sous-Maîtresses.	Mlles. *Séraphine*, *Aglaé.*
Le Grand Prévôt.	M. *Férin.*
JACQUES, vieux Concierge.	*Le même.*
JAQUELINE, sa femme.	Mad. *Armand.*
JERSON, Fermier.	M. *Lebrun.*
HELENE, mère de Jerson, et nièce d'Arsène.	Mlle. *Thérèse.*
HONORINE, fille de Jerson.	Mlle. *Adèle.*
PAUL, jeune marin, neveu de Jaqueline.	M. *Paul.*
Un Greffier.	M. *Dominique.*
Un Huissier.	M. *Mas.*
Deux Valets de chambre de Valmore.	MM. *Lagoutte*, *Thierry.*
Un Général francais.	M. *Lahaye.*
Un Magistrat de la Rochelle.	
Gardes du Prévôt.	
Paysans.	
Paysannes.	
Dames et Cavaliers.	
Troupes anglaises à pied et à cheval.	
Troupes francaises à pied et à cheval.	

La scène se passe dans les environs de la Rochelle, sous le règne de Louis 13, en 1628.

L'AUTEUR, AU LECTEUR.

En lisant le récit des malheurs de Clara, en voyant cette infortunée sacrifier son honneur et sa vie pour sauver la vie et l'honneur de celui qu'elle croit son père, je me suis écrié plus d'une fois, quelle force! quelle grandeur d'âme! Le titre de *Femme Magnanime*, que j'adopte aujourd'hui, est la conséquence du sentiment que j'ai éprouvé alors; ce titre est frappant pour la mulititude, et il doit plaire aux nombreux lecteurs du roman. J'ai tâché de retracer, autant que le théâtre me l'a permis, les principaux traits de la phisionomie de cette touchante Clara, créée par l'imagination de madame de Genlis : je l'ai présentée dans les situations les plus fortes, j'ai même osé en inventer quelques-unes qui manquaient pour completter l'effet théâtral de mon dénouement; mais il m'a été impossible de suivre son Héroïne en Allemagne, pour la ramener ensuite aux extrémités de la France : je n'aurais pas trouvé d'excuses pour *une Odissée Pantomime*, quoiqu'un de mes collègues ait fait *une Illiade*. C'est bien assez, malgré l'indulgence du public pour nos faibles esquisses, de m'être permis quatre changemens de décoration au dernier acte. Il est vrai que je conserve au moins l'ombre de l'unité, en supposant que l'action se passe en différens coins du même pays, et le critique me pardonnera, peut-être, s'il prend garde que de plus habiles que moi en font tous les jours autant dans un genre moins léger.

En m'avouant ainsi coupable de *lèze-Majesté Aristotétique*, j'espère, en revanche, qu'on me il trace les conditions du contrat de mariage, sous la dictée de Montalban.

On signe le contrat.

Clara, malgré les douces prévenances de son amant, éprouve une espèce de pressentiment vague.

Elle parait agitée.

D'un autre côté, son père est distrait, taciturne et préoccupé ; son ton est poli et presqu'affectueux ; mais sa figure immobile et pâle, semble le démentir.

Valmore présente à sa future épouse, le petit Jules, son fils unique, né d'un premier mariage.

Clara presse l'enfant sur son cœur, en disant :

» Oui, mon aimable Jules, je te servirai de » mère, je te rendrai le cœur et les soins de celle » que tu as perdue en recevant le jour : je vous le » promets, Valmore, et j'en prends l'engagement » à la face du ciel. »

Elle presente Jules à son père, en ajoutant :

» Et vous mon père, daignerez-vous accorder » à cette intéressante créature, une partie de la » tendresse que vous avez voué à votre heureuse » fille ? »

Montalban lui repond d'un ton sombre, avec une espèce de contrainte qu'il cherche à cacher :

» Oui, Clara. »

Bientôt tout respire la joie et la gaîté ; Clara se place auprès du pavillon, elle prend Jules sur ses genoux ; Valmore, rayonnant de bonheur, est grouppe auprès d'elle.

On danse, on distribue des rafraîchissemens. Les domestiques viennent annoncer qu'on a servi le souper.

On se retire pour goûter de nouveaux plaisirs, avant de se livrer au repos.

Les illuminations s'éteignent ; le jardin n'est plus éclairé; la nuit est très-obscure.

Franck paraît sur le mur du fond, il appelle; Césaire se montre à côté de lui, ils ajustent une échelle, ils descendent dans le jardin, et la conversation suivante s'établit entr'eux :

FRANK.

C'est ici que Montalban nous a ordonné de nous rendre, tout le monde est rendré au château, nous pouvons y rester sans crainte jnsqu'à ce que le jour paraisse.

CÉSAIRE.

C'est fort bien, mais, me diras-tu enfin le but de cette course nocturne ?

FRANK.

Tu vas le savoir : voici le billet de Montalban, écoute ; (*Frank lisan.*) » Brave coquins.

CÉSAIRE.

C'est à toi que ce billet est adressé ?

FRANK.

A nous deux.

CÉSAIRE.

A la bonne heure.

FRANK, *lisant.*

» Braves coquins, j'ai deux cents louis à votre service, par » conséquent je puis compter sur vous.

CÉSAIRE.

Il nous connaît bien, le seigneur Montalban.

FRANK, *lisant.*

» Vous franchirez à minuit le petit mur du jardin, du côté de la grange.

CÉSAIRE.

C'est fait.

FRANK, *lisant.*

» J'aurai soin d'écarter tout le monde, afin que vous soyez » seuls et en sûreté.

CÉSAIRE.

Il a tenu parole.

FRANK, *lisant.*

» Vous vous cacherez dans le bosquets touffus à droite,

CÉSAIRE.

Là-bas.

FRANK, *lisant.*

» A la pointe du jour le petit Jules, suivant son usage, vien-
» dra se promener avec sa gouvernant ou Clara.

CÉSAIRE.

Bon.

FRANK, *lisant.*

» Je serai là pour diriger l'enfant vers le bosquet; il n'en
» sortira plus, vous m'entendez.

CÉSAIRE.

Oui, j'entends à merveille.

FRANK, *lisant.*

» La terre couvrira notre commun secret, et je vous compterai les deux cents louis promis. » Qu'en dis-tu ?

CÉSAIRE.

Cent louis chacun, oui, c'est une récompense fort honnête, cependant...

FRANK.

Eh bien !

CÉSAIRE.

Tu vas peut-être te moquer de moi...

FRANK.

Pourquoi donc ?

CÉSAIRE.

J'en ai bien fait dans ma vie... mais un enfant, un pauvre innocent... Tiens, Frank, (*montrant son cœur.*) je sens là quelque chose qui retient mon bras.

FRANK.

Eh bien, tu le croiras si tu veux, j'avais la même idée que toi.

CÉSAIRE.

Pourtant... perdre nos cent louis, cela n'est pas gai...

FRANK.

Il y a peut-être un moyen de les gagner en épargnant cet enfant.

CÉSAIRE.

Ce serait trahir Montalban; moi, j'aime la bonne foi en affaires.

FRANK.

Nous ne le trahirons pas. Que veut Montalban ?.. faire disparaître le petit Jules auquel les grands biens du colonel Valmore sont substitués... Je sais tout cela, moi... parce qu'alors Clara, sa fille, se trouvant avoir épousé le plus riche héritier de France, Montalban aura assez d'empire sur elle, pour lui faire payer ses dettes qui sont tellement importantes, que c'est là l'unique ressource qui lui reste, et que, sans cet expédient, il serait obligé de quitter la France, ou de pourrir dans une prison.

CÉSAIRE.

Je ne te conçois pas encore.

FRANK.

Cela est pourtant bien simple; nous ne frapperons pas le petit Jules, nous l'enleverons, le dépayserons, et nous nous arrangerons de manière qu'il ne reparaisse jamais; nous remettrons à Montalban les vêtemens de ce pauvre petit, en lui faisant croire qu'il n'existe plus... il nous comptera les deux cents louis, notre conscience sera en repos, et tout lemonde sera content.

CÉSAIRE, *lui donnant la main.*

Touche là... voilà qui est convenu.

(*Pendant cette conversation, l'aurore a paru.*)

Montalban arrive avec mystère, il fait cacher Franck et Césaire, en leur annonçant que la victime va venir, et il se cache lui-même.

Clara vient se promener dans le jardin avec Jules, elle lui prodigue les plus tendres caresses; l'enfant court dans le jardin et cueille des fleurs.

Clara choisit les plus beaux fruits, elle les arrange sur la table dans le pavillon, et se fait un plaisir de les offrir à Jules.

Pendant ce tems, Montalban reparaît, il veut conduire l'enfant vers le bosquet, celui-ci résiste, Montalban le menace, et l'entraine en lui mettant la main sur la bouche, Jules se débat, Montalban tire son épée.

Clara entend du bruit, elle regarde, elle voit son père, et frappée de terreur, elle tombe évanouie derrière la table, de manière qu'elle se trouve cachée par le tapis.

Montalban revient, et ne voyant Clara, ni dans

le jardin, ni dans le pavillon, il la croit rentrée au château.

Il attend l'événement avec agitation; bientôt Franck et Césaire reparaissent, et lui remettent les vêtemens de Jules et un poignard ensanglanté. Montalban leur paye le salaire promis et leur ordonne de se retirer par où ils sont venus; Césaire monte sur le haut du mur au moyen de l'échelle, Franck a l'air de le suivre; mais tandis que Montalban va dans le pavillon, et que sans apercevoir Clara, toujours évanouie, il jette l'habit et le poignard sous la table, Franck prend l'enfant, auquel on a attaché un mouchoir sur la bouche pour l'empêcher de crier, et le passe à Césaire, qui disparaît avec lui.

Montalban sort du pavillon, d'un air égaré: en voyant Franck, qui à son tour franchit le mur, il lui ordonne de se retirer promptement; il sort lui-même.

Clara reprend ses sens, elle apperçoit l'habit de Jules, et le poignard; elle les prend, les examine et frémit.

Le colonel arrive en ce moment, avec toute sa suite; on a cherché Jules de tous côtés; comme on ne le trouve pas, et qu'on voit son vêtement et un poignard teint de sang dans les mains de Clara, on l'accuse d'avoir assassiné l'enfant.

En vain elle se défend avec l'air de l'innocence et de la vérité; mais elle n'a pas la force d'accuser son père; la prévention est aveugle, on l'arrête, on la conduit dans la cabane du jardinier, on l'enferme sous la clef; des gens du colonel Valmore restent pour garder la porte, et il sort avec le reste de sa suite, pour aller faire sa déclaration au magistrat.

A la nouvelle du prétendu assassinat du petit Jules, les paysans qui adorent Valmore, se sont armés et accourent de toutes parts.

La scélératesse de Clara leur paraît si grande, que dans leur rage, ils enfoncent la porte de la cabane, l'arrachent de sa prison et veulent la massacrer.

Valmore accourt, il arrache Clara des mains de ces furieux, en disant que c'est à la justice qu'il appartient de punir un aussi grand crime.

Le Comte fait un signal.

Le grand prevôt paraît avec des gardes et un magistrat.

Ils sont suivis par Montalban et tous les gens invités à la fête.

Montalban se trouve dans la position la plus critique, il ne peut s'en tirer qu'en accusant lui-même sa fille; celle-ci n'ose dire ce qu'elle a vu, dans la crainte de perdre son père; elle invoque son secours, en lui faisant sentir ce qu'elle fait pour lui, il la repousse.

Accablée par ce dernier coup, elle tombe évanouie; les gardes l'entraînent. La consternation est générale.

Fin du premier Acte.

ACTE II.

Le théâtre représente l'intérieur d'une prison ; dans le fond, une estrade avec des sièges et une table pour les juges ; à droite et à gauche, des barrières.

Par égard pour la famille de Valmore, le tribunal, sur l'ordre du Ministre, s'est assemblé dans la prison, pour juger Clara.

Un huissier fait entrer les témoins; on distingue parmi eux le colonel Valmore et Montalban. On amène Clara : sa beauté, sa jeunesse, son air d'innocence et de candeur font la plus vive impression sur les juges; elle lève les yeux, aperçoit son père, frémit et tourne ses regards d'un autre côté.

Montalban l'examine avec attention, il ne peut plus douter qu'elle est instruite de son crime, il craint qu'elle ne révèle tout ; et se préparant à nier, il s'avance vers elle d'un air farouche et les yeux enflammés de colère; il lui serre fortement la main, Clara levant les yeux au ciel, lui fait entendre qu'elle ne le trahira pas.

On apporte le poignard et l'habit de Jules ; elle les reconnaît, met les deux mains sur ses yeux, et ses pleurs inondent son visage.

Ce sentiment semble interprêté par les spectateurs comme un aveu de son crime ; après un murmure d'improbation, le calme se rétablit dans l'assemblée.

INTERROGATOIRE.

LE JUGE.

Clara, le fils unique du colonel Valmore a péri d'une mort violente : vous êtes accusée de ce crime.

CLARA.

Cette seule idée me fait frémir d'horreur.

LE JUGE.

J'exige de vous la vérité toute entière.

CLARA.

Je ne suis point coupable.

LE JUGE.

Connaissez-vous celui qui a commis le crime ?

CLARA.

Oui.

LE JUGE.

Nommez-le. (*Elle se tait.*) Nommez-le, vous dis-je.

CLARA.

Je ne le puis.

LE JUGE.

Votre silence vous condamne.

CLARA.

Je suis innnocente.

LE JUGE.

Montalban, votre père, vous a-t-il fait entendre que des vues d'intérêt devaient vous faire désirer la mort de cet enfant ?

CLARA.

Jamais.

LE JUGE.

Vous le haïssiez, sans doute, ce malheureux enfant ?

CLARA.

J'avais pour lui une affection maternelle.

LE JUGE.

Pourquoi donc l'avez-vous immolé avec tant de préméditation ?

CLARA.

Ma conscience et mes mains sont également pures.

LE JUGE.

Avez-vous des complices ?

CLARA.

Je n'en puis avoir, puisque je n'ai pas fait de mal.

LE JUGE.

Expliquez-nous donc comment ce poignard, ce vêtement se sont trouvés entre vos mains ? expliquez-nous pourquoi vous étiez dans le pavillon de si grand matin, cachée derrière la table et évanouie après le crime; et songez bien qu'une dénégation simple et vague équivaut à un aveu formel.

CLARA.

J'avoue que toutes les apparences sont contre moi: je n'ai plus rien à dire; mais je vous le répète, je suis innocente. Dieu m'entend, il lit au fond de mon cœur, je ne reconnais point d'autre juge.

A ces mots le tribunal se lève avec impatience; on va aux voix, et bientôt on annonce à Clara qu'elle est condamnée à périr sur un échafaud.

Elle écoute sa sentence avec la plus touchante résignation.

Les juges se retirent: Clara se jette aux pieds de Valmore, en protestant de son innocence; il la repousse avec horreur, elle saisit la main de Montalban et lui montre le ciel; il rejette brusquement Clara, et sort en lui donnant sa malédiction.

La nuit est venue, le geolier allume une lampe suspendue à la voûte de la salle; ensuite il sort.

Clara est restée seule et accablée; elle revient à elle, elle déplore son infortune, mais se console par l'idée que son père est sauvé et qu'elle est innocente.

Elle aperçoit un sablier sur une table, le sable qui est tout-à-fait écoulé, lui annonce qu'il est minuit et que son dernier jour vient de commencer.

Elle tombe à deux genoux, les mains croisées sur la poitrine, en élevant les yeux vers le ciel, et reste anéantie dans sa religieuse méditation.

Le missionnaire Arsène paraît, conduit par le

geolier; Clara aperçoit son respectable ami, et tombe à ses genoux.

Il la relève, la console et l'encourage.

Elle lui manifeste le désir d'écrire à Valmore.

Arsène demande au geolier une plume et de l'encre.

Le geolier va les chercher.

Il les apporte sur la table; Clara s'assied, se recueille et écrit. Son dernier mot est un adieu éternel; ses larmes coulent sur son papier, Arsène l'examine avec attendrissement.

Elle donne la lettre à Arsène, en lui disant :

« Respectable Arsène, remettez cet écrit à Valmore : quand je ne serai plus, dites-lui que j'étais » innocente. Je vous ai fait connaître le coupable, » je pouvais prouver mon innocence en le dénonçant à la justice; mais pour sauver mes jours, je » sacrifiais la vie et l'honneur de mon père, je me » rendais coupable d'un parricide. J'ai préféré » la mort à l'infamie. Jurez-moi de nouveau de » ne jamais révéler cet épouvantable secret?

Arsène lui répond :

« Oui, Femme Magnanime! ton secret et ton » dévouement héroïque ne sortiront jamais de mon » cœur.

Clara tire de son doigt une bague, en disant :

« Ce diamant est tout ce qui me reste, il est » d'un grand prix ; vendez-le, mon digne ami, que » l'argent soit distribué aux pauvres; je meurs satisfaite, puisque je puis faire encore un peu de » bien.

En ce moment, l'horloge de la prison sonne sept heures : Clara frémit, la lampe s'éteint, le jour reparaît.

L'instant fatal est arrivé : le prevôt et les gardes

entrent dans la prison; Clara se couvre la tête d'un voile blanc.

Elle tombe de nouveau aux pieds d'Arsène, il la bénit, elle se relève; et forte de son innocence, elle sort avec sérénité au milieu des gardes, tandis qu'Arsène, à genoux, invoque le ciel pour elle.

Fin du deuxième Acte.

ACTE III.

Le théâtre représente un appartement dans une maison de réclusion.

Au lever du rideau, les récluses à genoux écoutent une lecture que leur fait la maîtresse accompagnée des deux sous-maîtresses.

On entend sonner la cloche extérieure. On va ouvrir les portes.

Le grand prévôt est introduit et présente à la maîtresse la lettre suivante, qu'elle lit à haute voix :

« Je vous préviens, Madame, que d'après les » sollicitations du colonel Valmore, et par une » grace spéciale de Sa Majesté, la peine de mort » prononcée contre la coupable Clara, est com- » muée en une réclusion perpétuelle; elle sera dé- » tenue en votre maison jusqu'à nouvel ordre ».

De par le Roi, le Ministre.

La maîtresse donne un ordre, Clara paraît voilée au milieu des gardes.

Le prévôt et les gardes sortent.

Etonnement de Clara, en se voyant dans cette maison au milieu des récluses. Celles-ci la croyant une grande criminelle, la regardent avec mépris et dédain, et sortent malgré la maîtresse et les sous-maîtresses qui veulent les retenir.

Le sentiment d'horreur qu'elle inspire est pour

Clara un coup de poignard; elle est effrayée de sa destinée future, la mort lui aurait semblé de beaucoup préférable.

La maîtresse calme son effroi, et lui parle avec bonté; elle lui montre l'ordre du ministre, que Clara lit avec beaucoup d'agitation.

Les deux sous-maîtresses apportent l'habit de la maison; en le recevant, Clara verse des pleurs.

La maîtresse fait rentrer toutes les recluses, elle leur ordonne de respecter le malheur de Clara et de l'aimer désormais comme une compagne. Tout en marquant leur répugnance, elles promettent d'obéir.

Elles se mettent au travail, Clara reçoit sa tâche, et se voit forcée de travailler comme les autres.

On entend sonner de nouveau, et bientôt on introduit Montalban, suivi de Frank et de Césaire.

Montalban s'approche de la maîtresse, et lui présente un ordre conçu en ces termes : « *Ordre du* » *Roi de remettre Clara à son père.* »

Clara est vivement agitée en lisant cet ordre; elle se jette aux pieds de la maîtresse, et lui demande la permission de rester dans sa maison toute sa vie : elle préfère la passer dans l'ignominie et condamnée aux travaux les plus rudes, plutôt que de suivre le criminel Montalban.

Celui-ci veut faire parler son autorité, Clara le terrasse par un regard d'indignation; quoi qu'il en soit, l'ordre du roi est positif, la maîtresse doit le faire exécuter; Clara, malgré sa résistance, est entraînée par Frank et Césaire.

A peine est-elle partie, Arsène arrive, et la demande à la maîtresse.

Celle-ci, pour toute réponse, lui montre l'ordre du roi.

Le bon Arsène frémit en songeant aux nouveaux dangers que va courir Clara, livrée entre les mains du misérable Montalban.

Il sort très-agité, toutes les femmes le suivent.

Le théâtre change et représente une cour dans un château ruiné ; dans le fond, une grille; plus loin, la rivière.

Le vieux Jacques, concierge du château de Montalban, bêche la terre, et s'occupe à cultiver un coin de la cour qu'il a converti en jardin.

Jacqueline, sa bonne vieille ménagère, apporte son rouet, se met à filer et chante les couplets suivans.

LA VIEILLE FILEUSE,

Chansonnette.

Premier Couplet.

Femmes, écoutez cet adage
Que je tiens d'un fameux savant;
On doit le répéter souvent
Pour avoir la paix en ménage:
» Jeune ou vieux, il faut qu'un époux
» File doux. »

(*Elle file.*)

Trala delara, delara, delara,
Venez, venez, gente fillette,
Tournez, tournez la bobinette
Et le fil passera... ha!...

Second Conplet.

Lorsque j'étais fraîche et jolie,
Tout me cédait, sans vanité;

On fait toujours ma volonté.
Quoique je sois un peu vieillie,
» Jeune ou vieux, il faut qu'un époux
» File doux. »

(*Elle file.*)

Trala delara, delara, delara,
Venez, venez, gente fillette,
Tournez, tournez la bobinette
Et le fil passera... ha !...

Troisième et dernier Couplet.

Il ne voulait pas en démordre,
Mon cher époux, au tems jadis;
Quand je file aujourd'hui, je dis
Qu'il a bien du fil à retordre.
» Jeune ou vieux, il faut qu'un époux
» File doux. »

Elle file.)

Trala delara, delara, delara,
Venez, venez, gente fillette,
Tournez, tournez la bobinette
Et le fil passera... ha !...

Le bonhomme écoute avec plaisir la chansonnette; et sur le refrein, il danse avec sa bonne vieille Jacqueline.

Arsène paraît dans une barque sur la rivière, avec un seul homme qui conduit sa barque.

Il descend, et se présente à la grille.

La barque disparaît.

Les bonnes gens le reconnaissent, lui ouvrent la grille, et le reçoivent avec la plus grande cordialité.

La nuit est venue, on entend frapper plusieurs coups à la porte du château. Arsène se cache dans les ruines; la vieille va ouvrir.

Montalban arrive, les bonnes gens l'accueillent comme leur maître; il les repousse avec brusquerie, et les force de sortir.

Montalban seul, appelle.

Frank paraît: il lui montre dans les ruines une trappe de fer qui conduit à des souterrains; c'est-là, dit-il, que Clara, maîtresse de mon secret, sera renfermée pour la vie.

Montalban sort après avoir donné ses ordres. Frank fait un signal, Césaire amène Clara tremblante à chaque pas qu'elle fait dans l'obscurité.

Frank bat le briquet et allume une torche; il descend dans le souterrain, tandis que Clara supplie vainement Césaire qui la retient.

Le vieux concierge et sa femme, cachés dans les ruines avec Arsène, sont témoins de cette scène.

Le brave Jacques a pris un fusil à deux coups.

Arsène est aperçu par Clara, elle fait un mouvement qui peint l'espérance.

Frank remonte; les deux misérables veulent entraîner Clara dans le souterrain.

Arsène se montre seul, et leur offre de l'or pour délivrer Clara : ils refusent.

Le vieux Jacques s'approche brusquement et les met en joue; Arsène leur laisse le choix entre la mort et la bourse qu'il leur présente.

Ils n'hésitent plus, ils prennent la bourse; Clara tombe dans les bras d'Arsène.

Le tonnerre gronde, l'éclair brille; Montalban peut revenir, il n'y a pas un instant à perdre; le concierge ouvre la grille du fond, la barque qui avait amené Arsène, reparaît, il y monte avec Clara et Jacqueline.

L'orage est dans toute sa force, l'onde se soulève, la barque est balottée par les flots.

Montalban accourt, il est témoin de la trahison de Frank et de Césaire, il frappe Césaire, celui-ci tombe, Frank se sauve.

Montalban veut courir vers Clara, le concierge l'arrête en le mettant en joue; la foudre éclate; mais la barque conduite par la protection céleste, glisse sur l'onde, emportant Clara et son libérateur.

Le théâtre change et représente l'intérieur d'une ferme.

Des paysans arrivent en dansant; ils ont tous des bouquets à la main.

Le bon fermier Jerson marie sa fille, la jeune Honorine, avec le brave marin Paul.

La ferme présente le tableau animé d'une fête villageoise.

Sur le premier plan, figure la vieille Hélène, grand'-mère d'Honorine et nièce du missionnaire Arsène.

Pendant la danse, on entend plusieurs coups de canon dans le lointain; les villageois s'arrêtent, écoutent, mais ensuite continuent leurs jeux.

Arsène arrive, il conduit Clara, elle s'appuie sur la bonne Jacqueline, elle est pâle, agitée, tremblante.

Arsène la place sous la garde de la vieille Hélène, sa nièce, et du bon Jerson. Jacques et Jacqueline sont accueillis avec des transports de joie, par le jeune Paul, leur neveu, qui n'espérait pas les voir à sa noce, attendu leurs occupations dans le château voisin.

Arsène prend congé de Clara pour remplir une mission honorable, mais périlleuse, dont il est chargé auprès des fidèles sujets du Roi, qui se trouvent dans la Rochelle.

Il est à peine parti que de nouvelles canonnades se font entendre.

Un cavalier se présente, il met pied à terre et donne une lettre à Jerson, qui l'ouvre et lit :

» L'intendant de l'armée, prévient le fermier » Jerson, que son habitation a été choisie pour » servir d'hopital aux blessés des troupes du Roi, » qui assiègent la Rochelle; il doit tout disposer à » cet effet, en attendant les ordres de M. le colonel » Valmore, commandant en chef la cavalerie can- » tonnée dans les villages voisins. »

Au nom de Valmore, Clara se sent vivement émue.

Jerson déclare qu'il exécutera l'ordre qu'il vient de recevoir.

Le cavalier sort.

Dès-lors, il n'est plus question de fête, Jerson ordonne de tout préparer, les hommes se mettent à l'ouvrage et sortent ayant Paul à leur tête.

Les femmes sortent d'un autre côté, pour se disposer à soigner les blessés.

Clara est invitée à se retirer dans l'intérieur de la ferme; elle s'arrête en voyant venir un mendiant qui conduit un petit enfant tout couvert de haillons.

Il demande l'hospitalité; Clara s'approche de l'enfant avec compassion, elle le regarde avec un étonnement inexprimable, elle a reconnu sous ces misérables vêtemens, le petit Jules : il n'a donc point péri? quel est ce nouveau mystère d'iniquités? et cet homme qui l'accompagne, qui est-il?

elle l'interroge, il se trouble et veut se sauver: les paysans l'arrêtent, il se débat, sa robe s'ouvre, une fausse barbe est arrachée, et on reconnait Frank; échappé du château de Montalban, il avait pris ce déguisement pour se sauver avec l'enfant et passer à travers les postes amis et ennemis.

Clara prie les paysans de ne point laisser échapper ce misérable et de le conduire à la garde du camp.

Les paysans obéissent.

Clara très-agitée, rentre dans la ferme, elle va écrire au pieux Arsène, lui rendre compte de cet événement extraordinaire et lui demander ses conseils sur la conduite qu'elle doit tenir avec Valmore, en lui annonçant que par les hasards de la guerre, il se trouve non loin de celle qu'il croit si coupable.

Jerson est resté seul dans la cour; une nouvelle canonnade se fait entendre, le colonel Valmore paraît à la tête de quelques cavaliers, il demande au fermier si on a exécuté les ordres de l'intendant de l'armée; Jerson lui fait voir que tout est en activité dans sa ferme.

Le canon gronde de nouveau, on entend plusieurs coups de feu: un trompette vient annoncer que les Anglais attaquent le village; Valmore donne des ordres aux troupes sous ses ordres, et court repousser l'ennemi.

Le canon et les fusillades semblent se rapprocher.

Toutes les femmes se réfugient dans la ferme. Clara est au milieu d'elles; elle écoute avec inquiétude, et redoutant pour Valmore l'issue de ce combat, elle invite les paysannes à se joindre à elle, à invoquer le ciel pour le succès des armes du Roi.

Elles sont toutes à genoux.

On apporte les blessés, les femmes s'empressent de leur prodiguer leurs secours; un chef est du nombre de ces infortunés : Clara se couvre la figure de son voile; elle s'approche du chef pour lui présenter un peu de vin ..... c'est le colonel Valmore, elle l'a reconnu, recule et tombe dans les bras de Paul; Valmore éprouve une sensation extraordinaire dont il ne peut se rendre compte.

Montalban ne sachant plus que devenir, s'est jeté dans le parti des rébelles et des Anglais, c'est lui qui, à la tête des ennemis de son pays, vient d'attaquer le village, et de repousser la cavalerie de Valmore; au milieu du désordre occasionné par la blessure du colonel, il a pénétré sans être aperçu, jusque dans la ferme.

Les Anglais tirent quelques coups de pistolets; les femmes effrayées veulent s'enfuir, et sont arrêtées par les soldats ennemis.

Les braves paysans favorisent la fuite des blessés.

Le courageux Valmore oubliant la blessure qu'il a reçue à l'épaule gauche, met l'épée à la main, rallie quelques-uns des siens, et se fait jour à travers les Anglais.

Cependant Montalban a levé le voile de Clara; il l'a reconnue; et joyeux de revoir en sa puissance celle qui peut perdre sa réputation par un seul mot, il ordonne aux Anglais de ne pas la laisser échapper.

Tous sortent. Dans la confusion générale produite par l'attaque imprévue de l'ennemi, le petit Jules a été oublié dans la ferme. Le généreux Paul s'en souvient; malgré tous les dangers qui le menacent, il revient sur ses pas; il pénètre dans la maison; il trouve l'enfant, le prend dans ses bras et se sauve avec lui.

Le théâtre change et représente une campagne, dans le fond, au lointain, on aperçoit, à la gauche de l'acteur, la ville de la Rochelle et la digue terminée par Pompée Targon; en face, sur un plan un peu plus rapproché, on distingue la tête des ouvrages des assiégeans. A l'avant-scène, à droite, est la cabane du marin Paul, auprès de la cabane se trouve un tertre en gazon.

Au changement, on voit la ville de la Rochelle vivement bombardée. Les paysans et paysannes s'enfuient dans le plus grand trouble en cherchant à se réfugier dans le camp des troupes du Roi.

Ils sont suivis de près par un parti de cavalerie anglaise. Le jeune Paul profite d'un instant où il ne peut être aperçu, et se cache dans sa cabane avec le petit Jules qu'il n'a pas voulu abandonner, malgré toutes ses inquiétudes sur le sort de sa nouvelle épouse et de ses parens.

Montalban profitant de son succès, veut établir un nouveau poste presque sous le canon du camp du Roi, et c'est la cabane de Paul qu'il choisit pour son quartier.

Après y avoir déposé Jules, le marin vient d'en

sortir pour voler au secours de sa famille ; il en est empêché par Montalban, et se trouve forcé de rester avec les Anglais commandés par ce traître. Montalban a fait amener Clara devant lui, il lui demande pourquoi elle a eu la hardiesse de s'enfuir de son château ; Clara indignée lui reproche son crime, lui retrace ses persécutions, lui fait connaître l'infamie dont il se couvre en se mettant à la tête des perfides Anglais pour combattre sa patrie ; accablée par les sentimens divers qui l'agitent, par l'image du passé et les craintes de l'avenir, elle succombe bientôt sous l'effort qu'elle vient de faire ; elle tombe sans connaissance sur le petit tertre de gazon à la porte de la cabane.

Le farouche Montalban effrayé de l'énergie de sa victime, terrassé par ses reproches, et craignant que poussée à bout, elle ne dévoile enfin ses forfaits, prend la résolution désespérée de s'en débarrasser à l'instant ; il demande à Paul un peu de vin, sous prétexte de donner du secours à cette femme qui est évanouie. Ce jeune homme n'a pas osé dire qu'il la connaît ; mais à part il lui a témoigné la plus tendre compassion ; il obéit avec joie et rentre dans sa cabane.

Montalban saisit se moment, et prépare un flacon empoisonné que ce scélérat porte toujours sur lui.

Paul revient avec une bouteille et un verre. Montalban prend le verre, Paul le remplit et se retourne ensuite vers Clara qu'il regarde avec attendrissement.

Montalban s'empresse de verser dans le verre quelques gouttes de la liqueur contenue dans le flacon ; le jeune marin a remarqué ce mouvement, il en conçoit des allarmes. Montalban lui donne le verre, en lui disant de faire boire à Clara ce qu'il contient. Paul soupçonne une perfidie; mais surveillé de près par les Anglais qui l'entourent, il ne sait quel parti prendre et se trouve fort embarrassé.

Montalban voyant l'habitation de Paul, paraît inquiet; il demande au marin pourquoi il n'exécute pas son ordre; il veut lui arracher le verre; Paul résiste pour gagner du tems; il soulève la tête défaillante de Clara, il approche le verre de ses lèvres.... Dans ce moment une bombe tombe et éclate derrière la cabane. Montalban et les Anglais se retournent: Paul, sans perdre la tête, jette par terre le breuvage suspect que le verre contient, et le remplit de nouveau.

Montalban reporte les yeux sur Paul : le bon jeune homme fait boire à Clara le vin qu'il vient de verser; le traître paraît satisfait, Clara semble reprendre ses sens.

Pendant que ceci se passe, Valmore a rassemblé ses cavaliers; il s'est précipité sur les traces des Anglais. Il paraît. Montalban n'a que le tems de sauter à cheval; après un combat vif et court, l'ennemi est en déroute, le brave Valmore ordonne de le poursuivre.

Au bruit des armes Clara a repris tout-à-fait connaissance; elle aperçoit son amant, elle veut courir dans ses bras; l'excès de sa joie ne lui laisse point de paroles pour lui dire qu'elle n'est point coupable et que son fils existe. Le colonel qui croit avoir devant les yeux la femme criminelle qui a arraché la vie à son enfant, la repousse, et, dans son aveugle fureur, il va la frapper de son épée, lorsque le petit Jules, sorti de la cabane, aperçoit son père et vient se jeter dans ses bras.

Valmore reconnaît ce fils chéri, sa Clara est donc innocente.... il les serre tous deux contre son cœur, ensuite il tombe aux genoux de celle qu'il a persécutée, en la priant de pardonner sa fatale erreur.

Ce moment de bonheur va être troublé de nouveau. Montalban démonté dans le combat et séparé de ses anglais, s'est approché de la cabane pour y chercher un refuge, il a été témoin de ce qui vient de se passer ; dans sa rage, il tire un coup de pistolet; mais la balle dirigée par une main tremblante, s'éloigne de ses victimes.

Valmore met l'épée à la main, il attaque le traître, le combat, et lui passe son épée au travers du corps; Montalban tombe en disant : » arrête, » Valmore, je suis le seul coupable, je l'avoue, » et Clara n'est point ma fille, elle appartient à » une famille respectable, elle est digne de toi. »

A cet aveu, Clara semble débarrassée d'un poids qui accablait son cœur, Valmore la serre dans ses bras avec la joie la plus vive.

Montalban reprenant un peu de force, continue : » tu triomphes, Valmore ; mais peux-tu » croire que mourant et vaincu par toi, je puisse » te pardonner?... non, ma vengeance est assu» rée... apprends qu'un poison mortel versé » dans le breuvage de ta Clara... elle n'a plus » qu'un instant à vivre. »

Clara pâlit, elle chancelle, Valmore la regarde avec effroi.

Le féroce Montalban les examine avec un sourire sardonique; mais le jeune Paul a tout entendu, il accourt, il s'écrie : » ne craignez rien,

» madame, le ciel m'avait inspiré, et j'ai renversé le poison ; (*il le montre à terre.*) le voilà... »

Ces mots sont un coup de foudre pour Montalban; il fait un mouvement terrible, rassemble toutes ses forces, tire un poignard et veut se jetter sur Jules; Valmore le prévient, lui arrache le poignard et le monstre retombe mourant.

Des cris de victoire se font entendre, la ville arbore le drapeau blanc, les Français vainqueurs se rangent en bataille sous les murs de la Rochelle, avec les prisonniers anglais qu'ils ont enlevés dans le dernier combat; à l'horison, on voit la flotte anglaise, chercher son salut, au milieu des flots, dans une fuite honteuse; les vaisseaux sont en partie désemparés et les voiles criblées de boulets.

Le général français paraît, le magistrat accompagné des dames de la ville, vient lui présenter les clefs.

Valmore accueilli honorablement par le Général, lui présente sa Clara, en lui faisant connaître en peu de mots ses malheurs et sa magnanimité.

Le vertueux Arsène, honoré de la confiance du Général, confirme ce récit et unit la main de Valmore à celle de Clara; un peu plus loin, le bon Jerson et sa famille, sont grouppés auprès du généreux Paul, que Clara indique comme son libérateur.

Le bruit du canon, des cloches, des tambours et des trompettes annonçent la joie qui règne dans le camp et dans la ville; les paysannes présentent des palmes aux soldats français, une dame offre une couronne au Général ; celui-ci touché des vertus héroiques de Clara, place la couronne sur la tête de cette femme magnanime, aux acclamations générales du peuple et de l'armée.

Fin du troisième et dernier Acte.

www.ingramcontent.com/pod-product-compliance
Ingram Content Group UK Ltd.
Pitfield, Milton Keynes, MK11 3LW, UK
UKHW032026260826
14628UKWH00006B/2756

9 782329 370620